HASAN LÂTİF SARIYÜCE

1929 yılında Sungurlu'ya bağlı Ev
de okudu. Ortaöğrenimini Hasanoğlan
yıl ilkokul öğretmenliği yaptıktan sor
Bölümünde öğrenimine devam etti. Ç
Edebiyat öğretmenliği ve okul yöneti
Âmme İdaresi Enstitüsü'nde kamu yönetimi uzmanlığı eğitimi gördü. 1965 seçimlerinde Çorum'dan bir dönem milletvekili seçildi. Dönem sonunda tekrar mesleğine devam etti. 1979 yılında isteğiyle emekliye ayrıldı. Evli ve üç çocuk babasıdır. Hâlen İzmir'de yaşıyor.

Elli yıldan fazladır yazmakta. Çocuklar için masallar başta olmak üzere roman, öykü ve şiir dallarında 120'den fazla kitabı yayınlandı. Ayrıca mesleki kitaplar, kaynak kitaplar ve ders kitapları yazdı. Birçok dergide şiir, öykü ve denemeleri yayınlandı.

Yayınlanmış eserlerinden bazıları:

* Anadolu'ya Açılan Pencere-Pastoral Öyküler / Kültür Bakanlığı
* Gökten Üç Elma Düştü-Masallar / Çocuk Vakfı
* Tarla Kuşlarının Öyküsü-Öykü / Arkın Kitabevi
* Keloğlan Masalları-16 Kitap / Anadolu Yayıncılık

Yazarın kitapları artık Nar Yayınları tarafından çıkarılacaktır.
Nar Yayınları'nda yayınlanan kitaplarından bazıları:

* Ders Veren Türk Masalları
* Anadolu Efsaneleri 1
* Anadolu Efsaneleri 2
* Kar Beyaz - Roman
* Eveleme Develeme - Tekerlemeler
* Ağlama Anacığım Ağlama - Dede Korkut Hikayeleri
* Dedemin Denizaltısı - Roman
* Nasrettin Hoca Öyküleri
* Ezop Masalları
* Mavi Kahkaha Çiçeği / Anadolu Masalları
* Balkız ile Daloğlan / Anadolu Masalları
* Altın Oğlan ile Altın Kız / Anadolu Masalları
* Keloğlan Görünmez Adam / Anadolu Masalları

NAR

Nar Yayınları	: 155
Dizi	: Hasan Lâtif Sarıyüce
Dizi No	: 21
Kapak Tasarım	: Hatice Ekşi
Dizgi	: Nar
İç Düzen	: Nar
Baskı ve Cilt	: Özener Matbaacılık, Kale İş Merkezi Topkapı/İst., (0212 4819788)
Baskı Tarihi	: Aralık 2008, İstanbul

Sertifika Numarası: 0807-34-008945

© Nar Yayınları Müzik Film ve Reklamcılık Ltd. Şti.
Ankara Cad. Vilayet Han 10/202 Cağaloğlu / İstanbul
Tel.: (0212) 512 37 69 Faks: (0212) 512 31 42
www.naryayinlari.com / info@naryayinlari.com

KELOĞLAN GÖRÜNMEZ ADAM

HASAN LÂTİF SARIYÜCE

1991 T. İş Bankası
Edebiyat Büyük Ödülü

HASAN LÂTİF SARIYÜCE DİZİSİ

İÇİNDEKİLER

Padişah
Padişahın kızı

KELOĞLAN GÖRÜNMEZ ADAM

Evvel zaman içinde bir padişahın güzel mi güzel, saçları tel tel bir kızı varmış. Kız gelmiş çatmış on sekizine. Güzellikte ünü yayılmış memleketin her yerine. Dünürcülerin biri gelir, biri gidermiş. Padişah ise ipe un serermiş. Kızını baş göz etmesine etmek istermiş ya, düşündükçe aklını karıştıran, alnını kırıştıran bir durum varmış. Kız akşam yatar, sabah kalkarmış; bir de bakarlarmış ki, dün giydiği pabuçların altı delik deşik. Pabuç dayanmazmış kıza. Bir gün böyle, beş gün böyle, her gün böyle. Pabuçlar durduğu yerde niçin delinsin? Gece dışarı çıkmıyor kız. Yatak odasında tef çalıp oynamıyor. Bunda bir bit yeniği olmasın? Kızını üstü kapalı sorguya çekmiş babası. Bir şey öğrenememiş. Kızın ilk sözü de, son sözü de;

– Babacığım, ben de bilmiyorum, olmuş. Nasıl oluyorsa oluyor. Ayakkabılarım sabaha eskimiş çıkıyor.

Halayıklardan, hizmetçilerden başına gözcü dikmişler. Odasına cindir peridir girmesin diye okunmuş sular serpmişler. Ama boşuna... Kapı açılmadığı, kırılmadığı halde pabuçların altları gene delik...

"Koca padişahın parası mı yok? Biricik kızına bir pabuç alsa çok mu?" denebilir ama iş öyle değil ki... Ne yandan bakarsan bak, mide bulandırıyor. Ne yaptılar ne ettilerse çözememişler pabuçların sırrını.

Sonunda padişah, tellal salmış sokaklara, yardım istemiş ahaliden.

Keloğlan işsiz güçsüz sokaklarda gezerken işitmiş tellal sesini. Doğruca sarayın yolunu tutmuş. Geçmiş padişahın karşısına:

– Tam bana göre bir iş bu padişahım, demiş. Bu sırrı ancak ben çözerim. Kına gibi un ufak eder, ezerim.

Padişah bakmış Keloğlan'a; "Tamam" demiş içinden, "Bir Keloğlan eksikti. O da geldi tamam oldu." Sonra sesini yükseltmiş:

– Bak Keloğlan, bir gecede bu sırrı çözdün çözdün... Yoksa kel başını uçururum. Bunu bilmiş ol! demiş.

– Kabul padişahım! Yalnız benim de küçük bir şartım var.

– Neymiş o şart?

– Altıma bir küheylan at verin. Üç ay da süre. Hocam çok uzak bir şehirde oturuyor. Ona danışmaya gideceğim. Hocamı görmeden bu işe girişemem.

Padişah başından savmış olmak için;

– Verin şuna bir at, demiş.

Ata binmiş Keloğlan, basmış kamçıyı. Hava soğuyunca sırtına sarmış yamçıyı. O köy, bu kasaba, şu şehir, sürtmüş durmuş. Hocamı göreceğim demesi mavalmış. Birkaç ay zaman kazanırsam belki bir yolunu bulurum diye düşünmüş.

Meteliksiz Keloğlan'ın sırtına bir de atın yemi, nalı, han parası eklenince iflas bayrağını çekmiş. Kalmış mı bilmediği bir şehirde beş parasız! Atı götürüp pazarda satmış. Onun parasıyla gününü gün etmiş.

Bir gün ne yapacağını bilmeden harami

takımının eksik olmadığı bir mahalleden geçiyormuş. Birbirleriyle kavga eden üç kişiye rastlamış. Onların yanına sokulmuş.

– Ağalar, bu yalan dünyada bölüşemedik neyiniz var ki, böyle kavga edip duruyorsunuz? diye sormuş.

Çekişip duran adamlar, Keloğlan'ı zararsız bulmuş olmalılar ki, boğuşmaya ara vermişler. Kavganın nedenini açıklamışlar:

– Bir yerden elimize bir değnek, bir kedi, bir de gömlek geçti. Onları bölüşemiyoruz.

– Ben de deve ile at sanmıştım, diye araya girmiş Keloğlan. Her biriniz birini alırsınız, olur biter. Hatta almayıp sokağa atsanız da olur. Bulunmaz Hint kumaşı mı bunlar? Uğrunda kavga etmeye değer mi yani?

Sarkık bıyıklı olanı;

– Kazın ayağı öyle değil arkadaş, demiş. Bu değneği, kediyi, gömleği hazine dolusu altına değişmeyiz. Her birinin birbirinden eşsiz hüneri vardır.

– Yok devenin başı! Bunlar ne ki hünerleri olsun!

– İnanmıyorsun değil mi? Şu beğenmediğin değnek var ya, kime dokunsan onu köpek haline çevirir.

– Köpek haline mi çevirir? Bana sorarsanız pek de matah bir hüner değil bu. Köpekten çok ne var dünyada? Köpekleri insan haline çeviriyor mu bu sopa? Siz ondan haber verin.

Akıldan yana biraz yoksun olan ve harami oldukları anlaşılan adamların üçü birden konuşmaya başlamışlar:

– Peki, kedi ile gömleğe de bir bahane bulabilir misin? Kediyi bırak sokağa, durmadan sana altın taşır. Nereden bulur, nereden aşırır, sırrına akıl ermez. Gömleği de sırtına geçirdin mi, görünmez adam olursun. Ne görülürsün, ne de vurulursun.

Birden Keloğlan'ın kel kafasına dank etmiş. Günlerdir aradığı şeyin burada, haramilerin elinde olduğunu anlamış.

– Kavga etmek meseleyi halletmez, demiş. İzin verirseniz ağalar bunları aranızda ben bölüştüreyim. Değneği ileri atayım. Üçünüz birden koşun. Kim önce yakalar, onu bana getirirse gömlek onun olsun. Koşuda ikinci gelen kediyi, üçüncü gelen de değneği alsın.

– Tamam, demişler.

Keloğlan değneği fırlatmış. Onlar koşarken gömleği sırtına geçirivermiş. Görünmez adam olmuş. Haramiler başlamışlar aval aval bakmaya. Keloğlan aralarından geçip gitmiş elini kolunu sallaya sallaya.

Düşmüş dönüş yoluna. Az gide uz gide ülkesine ulaşmış. Doğruca padişahın yanına koşmuş:

– Padişahım ben hazırım, demiş.

– Peki, sabaha kadar bu işin üstesinden geleceksin! Kör düğümü çözeceksin! Yoksa kellen elden gider.

Padişah kızı gece odasına çekilmiş. Keloğlan da odanın önünde beklemeye koyulmuş. El ayak çekilince gömleği sırtına geçirmiş. Kızın kapısını tıklatmış. Kapı aralanınca, Keloğlan içeri süzülüvermiş. Hiçbir şeyin farkında olmamış kız.

– Herhalde yanlış duymuşum, kapı vuruldu sanmıştım, diye söylenmiş.

Keloğlan kızın odasında... Kız mışıl mışıl uyuyor... Keloğlan uyanık... Derken gecenin bir vaktinde yumruk vurulmuş karpuz gibi duvar ortasından yarılıvermez mi? Kara sakallı, güçlü kuvvetli bir adam çıkmış ortaya. Kızı uyandırmadan kucaklayıp yürümüş.

Keloğlan durur mu? Takılmış arkalarına, gitmiş, gitmiş; padişah sarayının biraz ilerisinde başka bir saraya girmiş.

Büyük bir salon. Udu, kemanı, tamburu, klarneti, tef ve dümbeleği tastamam. Kızı getiren kara sakallının işaretiyle saz takımı kıvrak havalar döktürmeye, yarı uyur yarı uyanık kız da oynayıp sektirmeye başlamış.

Bu âlem gece yarısına kadar sürmüş. Saz takımı susunca kara sakallı, kızı getirdiği gibi götürüp yatağına yatırmış. Yarık duvarda ne iz kalmış, ne emare...

Sabah olunca Keloğlan padişaha koşmuş:

– Padişahım! Padişahım! Karşıda bir saray var!.. demiş.

Padişah;

– Elbette var budala, demiş. Orada bir saray olduğunu herkes biliyor.

– Sarayda kara sakallı bir adam var!

– Elbette var. O benim başvezirimdir.

– Peki, bunları bildiniz. Elimde tuttuğum şey nedir? Şimdi de bunu biliniz!

– Köftehor! O iğrenç gömleği bilmeyecek kadar budala mıyım? Cellatlar nerdesiniz?

Cellatlar geniş ağızlı baltalarıyla koşup gelmişler ama Keloğlan'ı koydunsa bul... Görünmez adam oluvermiş hemen. Buna padişah da şaşmış, içeri doluşan cellatlar da. Kapı örtük, pencereler kapalı. Bu kel domuz ne cehenneme gitti. Padişah altın tahtından inmiş, kendisi de bakınmış sağa sola. Bu sırada Keloğlan gömleği çıkarmış sırtından. Bir de bakmışlar ki ne baksınlar, Keloğlan taht'a geçip kurulmuş. Yaka paça indirmek istemiş uşaklar ama padişah;

– Durun, demiş. Bunda bir iş var. Gömleği giyince görünmez oluyor. Demek ki bu gömlek büyülü...

– Elbette büyülüdür, demiş Keloğlan. Ben de bunu anlatmak için huzurunuza gelmiştim. Ama fırsat vermediniz ki... Bu gömleği size veriyorum. Akşam olunca giyerek kara vezirin sarayına gidiniz. Orada kızınızın nasıl olup da bir gecede pabuçlarını eskittiğini öğreneceksiniz.

Akşam olmuş. Padişah gömleği giyip vezirin sarayına gitmiş. Bir köşede durup beklemeye başlamış. Gece yarısı yaklaşırken göreceğini görmüş padişah: Başveziri, yanında uşakları ile kiziri, kızını yarı çıplak oynatıyorlar. O zaman padişah, başvezirin bir büyücü, büyücüden de öte bir öcü olduğunu anlamış. Sabahı beklemeden hak ettiği cezaya çarptırmış vezirle adamlarını. Onun yerine Keloğlan'ı başvezir yapmış. Kızını da kırk gün kırk gece süren bir düğünle Keloğlan'la evlendirmiş.

Keloğlan becerebilmiş mi bu görevi? Hem de nasıl... Çalışkan, doğru kişilerin elinden tutmuş. Çalışanları ödüllendirmiş. Almış yürümüş bolluk bereket. Yaşanacak bir ülke olmuş o memleket. İnsanları görünmez yapan gömleği de yakıp ortadan kaldırmış. Kötü kişilerin eline geçip de yeni yeni fenalıkların yapılmasına fırsat vermemiş.

Onlar ermiş muradına; gökten üç elma düşmüş, pabuçlarını eskitmeyen güzel çocukların başına.

Keko

KELOĞLAN İLE ÇİL HOROZ

Şu dağlar o dağlar iken, şu dereler o dereler iken, bir köy varmış bir dik yokuşta. Gidip gelen olmazmış ne baharda ne kışta. Bu köyde bir Keloğlan yaşarmış. Dünya başına darmış. Beriki itelermiş öte git diye, öteki çekiştirirmiş beri gel diye. Ne kimi varmış, ne kimsesi. Ne babası varmış, ne de annesi. Yalnız bir çil horozu varmış ki, ona da horoz demek için bin tanık istermiş. Boy desen boy yokmuş çil horozda, tüy desen tüy. Bücür mü bücürmüş. Daha dağ başlarına ala kar yağmadan titreyip üşürmüş.

Ama gelin çil horozu bir de Keloğlan'a sorun. Onun gözünde çil horoz tekmiş. Varsa çil horoz, yoksa çil horoz. Bütün günleri onunla geçermiş. Anlayacağınız Keloğlan, çil horozsuz ne yer, ne de içermiş.

Bir gün Keloğlan mahalle çocuklarıyla çelik çomak oynuyormuş. Çil horoz da yan taraftaki çöplükte eşinip deşiniyormuş. Ara sıra bir arpa tanesi ya da bir mısır kırıntısı bulunca kukuriko diyerek midesine indiriyormuş.

Çil horoz çöplükte eşinip dururken kocaman bir inci bulmuş. Biraz ötede oynayan Keloğlan'ı yanına çağırmış.

– Bak! Çöpler arasında ne buldum!

Keloğlan almış horozun gagasından inciyi, ne olduğuna bakmadan sağ cebine atıvermiş. İnci pat diye yere düşmüş. Sol cebine koymuş. İnci orada da barınamamış. Gene düşüvermiş yere. Cepleri delikmiş çünkü.

İnci ceplerinden düşünce, almış mı Keloğlan'ı bir düşünce... Nereme koyayım neremde saklayayım diye kel başını kaşımaya başlamış. Tam o sırada bir atlı çıkıvermiş karşıdan. Sürüp gelmiş atını tıkıdak tıkıdak Başı börklü, sırtı kürklü bir adam. Karşısında selama dur, çalımına bak.

Atlı gelmiş, Keloğlan'ın tam karşısında duruvermiş. Sonra da kırk yıllık ahbap gibi;

– Sırma saçlı oğlum, demiş. Görüyorum ki

pek düşünceye dalmışsın. Sanki dünya yıkılmış da altında kalmışsın. Derdin nedir söyle bana. Elimden gelen yardımı yapayım sana.

Keloğlan;

– Amca var git işine. Benim ne derdim olacak? Kırılmış balta, körelmiş nacak. Horozum çöplükten, ben komşuluktan geçinip gidiyoruz işte, diyecek olmuş ama adam ayrık kökü gibi sırnaşmış.

– Beni kandıramazsın delikanlı, demiş. Gözümden hiçbir şey kaçmaz. Sıkı sıkı kapattığın elinin içinde ne var? Söyle de bilelim.

– Ha o mu? diye biraz kem küm etmiş ya, sonra ağzından baklayı çıkarmak zorunda kalmış:

– Amca şu inci mi taş mı, her neyse, başıma bela oldu. Sağlam bir cebim yok ki orada saklayayım. Düşünceye dalmamın sebebi budur.

Atlı "keh keh" diye uzun uzun gülmüş. Sonra sesine biraz babacanlık, biraz ikiyüzlülük karıştırarak;

– Düşündüğün şey de bu mu mor kâküllü çocuğum? demiş. Ver onu bana, koyayım cüzdanıma. Saklayayım hayrıma.

Her zaman uyanık olan, her zaman cin gibi tetikte duran Keloğlan'a, nasıl olduysa bir uyuşukluk çökmüş.

– Olur amca, demiş. Bu inci beni çok bunalttı. Al sen sakla.

Adam almış alacağını, şaha kaldırmış atını, arkasında bir toz bulutu bırakarak sürüp gitmiş.

Çil horoz;

– Ke ke kel... oğ oğ oğlan... diye uzun uzun ötmüş. Ben çöplükte inci bulayım. Sen elin açıkgözüne kaptır. Bu sana da, bana da yazıktır.

– Niçin kaptırmış olayım canım! Ben ona incimizi bağışlamadım ya, gerektiğinde gider isteriz incimizi. Atlı itli, kürklü börklü koskoca adam aldatacak değil ya bizi.

Horoz büsbütün öfkelenmiş:

– Elimizden uçtu gitti incimiz. Adamın ne adını sordun, ne adresini. İzini nasıl bulacağız şimdi biz?

Keloğlan horozunu daha fazla üzmemek için sesini çıkarmamış. Günler geçmiş aradan. Esirgesin yaradan. Köye bir "gölge vergisi"

toplayıcısı gelmiş. Her insandan bir kat, gölgesinden iki kat vergi toplamaya başlamış. Vergici kurulmuş köyün ortasına. Vergisini vermeyenleri çekmeye başlamış kızılcık sopasına.

Keloğlan'da vergi ödeyecek para nerede? Bakmış ki dayak sırası kendisine gelecek;

– Haydi horoz kardeş, demiş. Atlı amcadan incimizi alalım.

Birlikte düşmüşler yola. Bakınmadan sağa sola yel gibi gitmişler. Bir ormandan geçerken bir tilki çıkmış karşılarına. Atlı amcanın köyüne gittiklerini öğrenince tilki;

– Ne olur ben de geleyim sizinle. Çoktan beri bu ormandan dışarı adım attığım yok. Biraz gezip dolaşayım da gözüm gönlüm açılsın, diye yalvarmaya başlamış.

Olur demişler tilkiye, birlikte düşmüşler yola. Haydi uğurlar ola. Az gitmişler uz gitmişler, dere tepe düz gitmişler. Derken tilkicik yorulup kalıvermez mi? Bir de, "Ne olur beni burada bırakmayın," diye yalvarmaya başlamaz mı?

Çil horoz yutuvermiş tilkiyi, kursağında taşımaya başlamış.

Az gitmişler uz gitmişler. Bir kurda rastlamışlar. Kurt onların uzaklara gittiklerini öğrenince ille, "Ben de sizinle geleyim," diye tutturmuş. Onu da almışlar yanlarına. Dere tepe aştıktan, kır bayır dolaştıktan sonra kurt da serilip kalmış yola. "Yoruldum. Bacaklarımda derman kalmadı. Ne olur beni burada bırakıp gitmeyin," diye yalvarınca çil horoz kurdu da yutmuş. Gide gide bir ovaya varmışlar. Önlerini bir ırmak kesmiş. Nereye gittiklerini öğrenince, ırmak da onlara katılmak istemiş. Onlar yürümüş, ırmak da arkalarından çağlayıp gelmiş. Gelmiş ya, dere tepe derken ırmağın hızı kesilmiş, şurdan şuraya akacak hali kalmamış. Çil horoz ırmağı da yutup kursağına yerleştirmiş.

Oradan buraya soruşturarak, yoruldukça mola verip durarak atlı amcanın köyüne ulaşmışlar.

Adamın geniş bir avlu içinde bir konağı varmış. Görenler saray sanırmış. Güçlükle girebilmişler içeri.

– Amca, demiş Keloğlan. Seni rahatsız etmek istemezdik ama köyümüze gölgeden vergi toplayan bir adam geldi. Anlayacağın incim gerekti bana. Zahmet olacak ya sana, onu ver de gidelim. Çok uzak yerden geldik zira. Aşmadığımız ne dağ kaldı, ne dere.

Keloğlan'ın elinden incisini alırken ağzından inciler saçan, yüzünde güller açan atlı bey, önce katran gibi kararmış, sonra ayva gibi sararmış. Bir bağırıp çağırmış ki sormayın. İşitenler kaçacak delik aramışlar. Ama Keloğlan'la çil horoz kaya gibi dimdik kalmışlar. Adam bakmış ki bunlar inciyi almadan gidicilerden değil. Adamlarına buyurmuş:

– Atın şu tüysüz oğlanla yoluk horozu kazların ahırına!

Adamlar durur mu? Bizimkileri kaz ahırına yallah etmişler. Kapıyı da dışarıdan kilitleyip gitmişler. İçeride yüzlerce kaz. Çeneleri hiç durmaz. Bar bar bağırarak, tıs tıs tıslayarak üzerlerine saldırmışlar. Çil horoz açmış ağzını, kursağında sakladığı tilkiyi dışarı salıvermiş. Tilkidir, bir gayrete gelmiş, silkinip atılıvermiş kazların üstüne. Kazlar, bu çenesi durmazlar, ahırın deliğinden çırpına çırpına uçarak canlarını zor kurtarmışlar.

Adamları olup biteni haber verince bey;

– Öyleyse o hınzırları boğaların ahırına kapatın! Bakalım sağ çıkabilecekler mi oradan? demiş.

Birçok boğanın bulunduğu ahıra koymuşlar bu sefer de bizimkileri. Boğalar başlarını süserek ileri fırlayınca, horoz kursağındaki kurdu bırakmış dışarı. Kurt keskin dişlerini gösterince, o çalımlı boğalarda korkunç bir bozgun başlamış. Kapıları kırarak dışarı fırlamışlar.

Bey öfkesinden çılgına dönmüş. Fırını tutuşturup içine dağ gibi odun yığdırmış. Keloğlan'la horozcuğu fırına atmışlar, kapağını da sıkı sıkı kapatmışlar. Çil horoz açıvermiş gagasını, taşıyıp getirdiği ırmağı caşş diye ateşlerin üstüne boşaltmış. Tısss... Fırın sönüvermiş. Ölüp ölmediklerini anlamak için kapağı açtıklarında bizimkileri sapasağlam karşılarında bulmuşlar.

Bey çok korkmuş Keloğlan'la çil horozdan.

– Kusura bakma sırma saçlı oğlum, demiş. Senden aldığım inciyi kızım evlenirken boynuna takmıştım. Onun yerine sana iki altın vereyim. Güle güle harca.

– Olmaz! Benim incim en az yüz altın ederdi.

Adam pazarlık ede ede on altına çıkmış. Yirmi altına, elli altına dayanmış. Ama Keloğlan Nuh demiş peygamber dememiş. Bey de yüz altını vermek zorunda kalmış. Aslında incinin ederi bundan da fazlaymış.

Altınları almışlar, düşmüşler yola, selam vererek sağa sola, memleketlerine yetmişler.

Onlar ermiş muradına; gökten üç elma düşmüş, başkalarının hakkına saygı duyan, haklarını çiğnetmeyen çocukların başına.

NE GÖRDÜN NE GÖRMEDİN?

Bir zamanlar bir padişah varmış. Malı mülkü dünya kadarmış. Memleketi bolluk bereket içindeymiş baştan başa. Hükmü geçermiş dağ ile taşa. Ol dediği olur, gel dediği gelirmiş.

Oğlu olmamış padişahın ama nar tanesi nur tanesi bir kızı varmış. Seyretmeye insan doyar mı ki? Güldükçe yüzünde güller açılır, konuştukça ağzından inciler saçılırmış.

Padişahla hanım sultan kızlarını binbir nazla büyütmüşler. Büyütmüşler ya, kızın erişince on sekize yaşı, onulmaz bir derde girmiş başı. Gece odasında sırrolur gidermiş. Nerelere gider? Neler eder? Ne kendi söyler, ne de kimseler bilirmiş. Nöbetçiler koymuşlar başına. Uyku ilaçları katmışlar aşına.

Nafile. Kızın gece kaybolmasını önleyememişler.

Göstermedikleri ne hekim kalmış, ne bilgin. Bir çare bulamamışlar kızın kaybolma illetine. Çaresiz kalınca padişah, tellallarla duyurmuş milletine:

– Ey ahali! Duyduk duymadık demeyin! İçinizde gizden gizliden, olandan olmuştan, dünden bugünden anlayan varsa saraya koşsun!

Böyle duyurulara koşan çok olur. Anlasın anlamasın, bir yaraya em olsun olmasın, bazı kişiler kendilerini İbni Sina sanırlar. Bilgide, marifette eşsiz olduklarına inanırlar.

Tellal çağrısı üzerine de öyle olur. Saray avlusuna yüzlerce adam dolar. Kimi keçi sakallı, kimi sivri akıllı. Sözün kısası bir sürü insan, cıvıl cıvıl ötüşürler, koca alana sığmayıp keçiler gibi itişirler.

Padişah bıkmamış usanmamış. Karşısına almış hepsini. Bir bir dinlemiş marifetlerini. Bakmış ki ipe sapa gelmez bir sürü teklif... Öyle budalaca şeyler ki insan kendisini tutamaz güler. Ya da öfkeden küplere biner.

Yol vermiş kalabalığa. En sonuncu olarak Keloğlan çıkıp gelmez mi? Padişah bakmış, başı kabak. Aklı biraz savak. Ama bakışları cin mi cin. Duruşu hin oğlu hin.

– Niçin geldin buraya? Seni kim çağırdı saraya?

– Tellal çağırdı efendim. Ben de geldim.

– Tellal bir becerisi olanı çağırdı. Senin elinden ne gelir?

– Efendim ben ne okurum, ne yazarım. Saklıdan da anlamam, gizliden de. Yalnız baktığımı iyi görürüm. Gördüğüme iyi bakarım. Şüphe ettiklerime kancayı takarım. Ustamın adı Hıdır, elimden gelen budur. Bu kadarı yeterse size ne âlâ. Yok yoksam, bir işe yaramayacaksam, uçar giderim konduğum dala.

Keloğlan böyle deyince, padişah düşünür ince ince. Keloğlan'ı kovmaz, yanında alıkoyar. Karanlık bastırınca kızının yatak odasına götürür. Cam bir bölmeyle ikiye ayrılmış bir oda... Bir taraf boş. Öbür tarafta altın karyolasında padişah kızı yatıyor.

– İşte kızım! Varım, varlığım, iki gözüm! Gece yarısında sırroluyor, ortalıktan kaybolu-

yor. Kimse çözemedi olup biteni. Eğer sen bu düğümü çözer de gerçeği ortaya çıkarırsan bağışlarım sana anlı şanlı Mısır'ı. Mısır az görünürse gözüne, Arabistan'ı Yemen'i de vereyim üstüne.

Padişah çekilince Keloğlan ayakta camlı bölme içinde beklemeye başlamış. Beklemiş beklemiş... Vakit bulmuş gece yarısını. Derken uyku bastırmaz mı? İlle uyu ille uyu diye kıstırmaz mı? Keloğlan'ın bir güzel huyu varmış. Kuş uykusuna yatarmış. Gözlerini hem kapatır, hem kapatmazmış. Orada bulunan sandalyeyi çekmiş altına. Başlamış kuş uykusuna.

Derken, vakit gece yarısına giderken, kız başını kaldırıp bakmış ki, Keloğlan uyuyor. Koynundan küçük altın bir şişe çıkarmış. Ondan bir damla bir şey sürmüş. Görünmez oluvermiş birden. Keloğlan ise ne açık ne kapalı gözleriyle olup bitenleri görmüş. Durur mu? Kızın açık bıraktığı kapıdan o bölmeye geçmiş. Yastık üzerinde duran şişeden bir damla da kendisi sürünmüş. Paf puf... Görünmez olmuş o da. Düşmüş padişah kızının ardına.

Kız gitmiş. Keloğlan gitmiş. Kız koşmuş,

Keloğlan koşmuş. Gölge gibi peşinde. Şehrin dışında bir yere varmışlar ki, insan göremez düşünde. Şakır şakır ışıkları yanan bir mercan saray. Onun yanında yağ kandili gibi sönük kalıyor on dördündeki ay.

Padişah kızı, yüzünde cilvesi, edası, nazı, mercan saraydan içeri girmiş. Kendisini bir sürü yer cücesi karşılamış. Cücelerin birisi, en irisi, en boylusu buyur etmiş kızı bir gümüş sehpanın başına. Ortada fildişi bir satranç takımı. Cüceler beyi ile padişah kızı başlamışlar satranç oynamaya.

Keloğlan ne duvarın önündeymiş, ne de ardında. Duvar içinde durarak onları seyre koyulmuş. Bir ara nasıl olduysa satranç taşlarından birisi fırlamış, duvar dibine düşmüş. Keloğlan kaşla göz arasında elini duvardan dışarı çıkarıp almış taşı, cebine koymuş.

Cüce beyinin adamları taşı çok aramışlar. Bulamayınca gergedan dişinden başka bir takım çıkarmışlar ortaya. Şafak sökünceye kadar devam etmişler oyuna. Kız, cüceler beyini mat edip durmuş boyuna.

Ala şafak sökerken kız kalkmış. Bey ile

uşakları cüceler onu mercan sarayın dışına kadar uğurlamışlar. Kız babasının sarayına gelmiş, yatağına uzanmış. Derin bir uykuya dalmış. Keloğlan da kendi bölmesinde bekliyormuş. Bekliyormuş ya, onu da uyku tutsak almış, horlaya horlaya uyuyakalmış. Horlayıp dururken padişah çıkıp gelmez mi? Dürtükleye dürtükleye uyandırabilmiş Keloğlan'ı. Öfkeli bir sesle;

– Anlat bakalım palavracılar başı, demiş. Ne gördün, ne görmedin?

Keloğlan dili dolaşa dolaşa, gördüklerini anlatmış baştan başa.

Kız kendi bölmesinden seslenmiş:

– Yalan baba yalan! Sabaha kadar uyudu Keloğlan!

Padişah, kızına mı inansın, uyurken yakaladığı Keloğlan'a mı? Düşünmüş taşınmış. Korumalarıyla birlikte Keloğlan'ı almış yanına, düşmüşler mercan sarayın yoluna. Varmışlar oraya. Varmışlar ya, ortalıkta ne saray var, ne de küçük bir kulübe. Bakınıp dururken gözlerine bir bal kabağı ilişmiş. İçi oyulmuş, mini mini pencereler açılmış. Süslü püslü kapılar

takılmış. Tavanlarına minik minik fenerler asılmış.

– Gördüğün saray bu mu?

– Hayır padişahım. Benim gördüğüm gerçek bir saraydı. Sanki yeryüzüne inmiş on dördünde bir aydı.

Keloğlan cebinde sakladığı satranç taşını da çıkarıp göstermiş. Ama padişahı inandırmak ne mümkün. Zavallıyı zindana attırmış. Padişah kızına gelince... Her akşam mercan saray sefası tamam. Kimse bilmezmiş nereye gittiğini, ne işler ettiğini. Padişah üzüm üzüm üzülür, yatağında büzüm büzüm büzülürmüş.

Keloğlan birkaç gün zindanda yatmış. Kaşınıp dururken kızın kullandığı altın görünmezlik şişesi eline geçmiş. Cebindeymiş meğer. Bir damla sürmüş. Ne tutulur, ne görülür! Elini kolunu sallaya sallaya çıkar zindandan. Doğru saraya varır ki, padişah tahtında oturuyor, karşısında vezirleri el pençe divan duruyor. .Keloğlan görünmeden uzanmış, padişahın kavuğunu almış. Ortalıkta dolaştırmış. Bütün vezirler bismillah çekmişler:

– Bu ne iş, demişler, padişahımızın kavuğu uçuyor.

Orada bulunanların hepsi bıdır bıdır dua okumaya başlamışlar. Onlar dua okurken Keloğlan silkinip görünür olmuş. Padişah bakmış, zindana attırdığı Keloğlan karşısında. "Tutun! Yakalayın!" diye buyruk vermiş.

– Padişahım! Padişahım! demiş Keloğlan. Beni yakalayamazsınız. İzin verin sizi de, kızınızı da büyücülerin şerrinden kurtarayım.

Padişah razı olmuş. Keloğlan'ı zindana attırmamış.

Akşam olmuş. Padişahla Keloğlan sürünmüşler görünmezlik yağını, ziyarete gitmişler cüceler beyinin mor sümbüllü bağını. Vara vara varmışlar. Işıklı mercan saray karşısında şaşırıp kalmışlar. Padişah kızı gene cüceler beyiyle al gülüm ver gülüm satranç oynuyormuş. Çevrelerinde yüzlerce kambur cüce fırıl fırıl dönüyormuş.

Beklemişler, saatleri saatlere eklemişler. Derken oyun bitmiş. Kız, babasının sarayına gitmiş. Kız gidince mercan saray da sönmüş, küçüldükçe küçülmüş. Olmuş bir bal kabağı, ne ışığı kalmış ne şafağı. Beyleriyle birlikte cüceler de birer hamamböceği olmuşlar. Sağa sola kaçışmışlar.

Keloğlan;

– İşte olup biteni gördünüz padişahım, demiş. Bunu yapan bir büyücü olmalı. Gönlünüzü hoş tutun. Onu arayıp bulacağım.

Keloğlan ne atına binip sürmüş Kafdağı'na; ne de yol saptırıp uğramış cadılar bağına. Sokak sokak, kıyı bucak, dolaşıp durmuş şehrin her yerini. Padişahtan kimler zarar gördü? Kimler darağacında can verdi? Ona sormuş, buna sormuş. Gidip mahkemeye kambur kadıya varmış. Öğrenmiş öğreneceğini. Zülüflü Zülfiye derler bir kadının edepsiz mi edepsiz, kansız mı kansız bir oğlu varmış. Soygun için dul bir kadınla dört öksüzünü boğup öldürmüş. Yakalanıp asılmış.

Araya araya, olmayan saçlarını taraya taraya Keloğlan bulmuş Zülüflü'nün evini. Konuk diye göstermiş kendini.

– Ey benim yüzü nurlu, elleri uğurlu nineciğim, demiş, seni dedim kapına geldim. Bir sevdaya yakalandım, ateşiyle cayır cayır yan-

dım. Sevdiğim el kızı, yüreğime düşürdükten sonra közü, şimdi başım kabak, aklım savak diye beğenmez oldu beni. Duyduk ki hayır etmeyi, çölleri çayır etmeyi severmişsin. Ne olur, benim derdime de bir çare bul. Evlensin benimle o gözleri ahu, saçları sümbül.

Sadece konuşmakla kalmamış, çıkarmış bir kese altını da eline toka etmiş. Hemen ışıyıvermiş Zülüflü'nün buruşuk yüzü. Tutmuş Keloğlan'ı gözü. Sıvamış kolları, karıştırmaya başlamış çulları çuvalları. Bir tane kırk yıllık yılan iskeleti, bir tane yirmi yıllık kaplumbağa bağası, bir tane de taze kesilip yüzülmüş kurbağa derisi bulup çıkarmış. "Ep epelek, koşsun gelsin yepelek, yelle gelsin, selle gelsin," diye bir acayip duayı okuyup üflemiş. Yılan iskeletini ateşte yakmış. Kaplumbağa bağasını havanda dövmüş. Ondan yaptığı şerbeti Keloğlan'a içirmiş. Kurbağa derisini de asmış duvara. "Ey deri, dinle beni, sen duvarda durdukça, sevgilisi Keloğlan'a yansın tutuşsun. Gel deyince gelsin, git deyince gitmesin," deyip büyüyü tamamlamış. Keloğlan evden çıkarken bir bakmış duvarlara, baştan başa kurbağa, yılan, çiyan derisi kaplı. Görenlerin şaşırır aklı. Bunların büyü için asıldığını anlamış.

Sözü niçin uzatmalı? Durumu öğrenen padişah zaptiyeler gönderip Zülüflü Zülfiye'yi adalete teslim etmiş. Evini de yargı kararıyla yaktırmış. At kemiği, it kemiği, yılan dişi, timsah döşü dolu ev oylum oylum yanıp tütmüş.

Ev yanınca Zülfiye'nin büyüleri, bozulmuş bağa, kar bastırmış dağa dönmüş. Tıss diye sönmüş. Gayrı ne gece yarısı kaybolmuş padişah kızı, ne de ak kuğu sanmış şaşkın kazı.

Keloğlan'ı da horlamamış ilk defa gördüğü gibi. Çok beğenip gönül vermiş Padişah da olur deyince evlenip murada ermişler.

Onlar ermiş muradına; gökten üç elma düşmüş, kötülüğe özenmeyen, boş işlerle uğraşmayan çocukların başına.

KELOĞLAN ANLI ŞANLI KAHRAMAN

Talih kuşunun her başa konmadığı, kılıç kuşanmayanın kahraman sayılmadığı çağların birisinde bir Keloğlan varmış.

Gölgesinden bile korkarmış. Söz gelimi yolda yürüyor. Bir an dönüp arkasına baktı. Gölgesini gördü... "Allahını seven beni tutmasın," diyerek başlarmış koşmaya. Bir ağacın gölgesine ya da bir evin duldasına kadar koşarmış. Gölgede kendi gölgesini görmediği için rahat bir soluk alır, uzun süre orada kalırmış.

Keloğlan bir gün aşçı dükkânında yemek yiyormuş. Önüne bir tabak dolusu yağlı et yemeği koydurmuş. Hava sıcak. İçerisi sinek dolu. Bulut gibi bir inip bir kalkıyormuş sinekler.

Keloğlan sağ elini hızla sallamış. Bir avuç

dolusu sinek yakalamış. Orada avare takımından bir sürü insan varmış:

– Bravo Keloğlan, demişler. Ne çok sinek öldürdün! Say bakalım kaç tane?

Bir bir saymış sinekleri. Tam altmış tane...

– Haydi, sol elini de salla! Bakalım kaç tane sinek daha öldüreceksin?

Keloğlan sol elini de sallamış. Avcunun içi gene sinekle dolmuş. Saymışlar, tam yetmiş sinek... Bir alkıştır kopmuş:

– Ya ya ya! Şa şa şa! Keloğlan Keloğlan çok yaşa!

Keloğlan'ın koltukları kabarmış. Çıkmış dışarı. Sokaklarda gezmeye başlamış. Böyle geze geze, sevinç içinde yüze yüze Demirciler Çarşısı'na kadar uzanmış. Dükkânların önünde asılı kılıçları seyre koyulmuş. Bir demirci ustası onu görünce yanına gelmiş:

– Yiğidim! demiş. İçeri buyurmaz mısınız? Çok güzel kılıçlarımız var! İsterseniz size daha güzelini yapabilirim.

Keloğlan girmiş dükkâna, bakmış her yana. Usta el çabukluğu ile bütün kılıçları önüne yığmış. Keloğlan onlara bakmış bakmış. Her birinde bir kusur bulmuş.

– Şunu nasıl buldunuz yiğidim?

– O mu? Boyu fazla kısa...

– Ya şuna ne dersiniz? Yaptığım en uzun kılıçtır bu.

– O da fazla küt burunlu.

– Peki, size sivri uçlu bir tanesini göstereyim. Bakın yılan dili gibi uzun ve sivri ucu var bunun.

– Bunu da beğenmedim, fazla ince. Bir vuruşta tuzla buz olur bu kılıç.

Usta bütün kılıçlarını göstermiş ama Keloğlan'a beğendirememiş. Her birinde bir kusur, bir hata bulmuş. Adamcağız:

– Yiğidim, demiş, kılıçlardan çok iyi anlıyorsunuz. Emredin, size yepyeni bir kılıç yapayım.

– Olur, bana yapacağınız kılıç çok uzun olsun. Pırıl pırıl parlak olsun. Üzerine şu sözler yazılsın:

ÇALIŞTA ALTMIŞ
DÖNÜŞTE YETMİŞ
CANLAR YOK ETMİŞ
KAHRAMAN KELOĞLAN

Keloğlan'ın görülmemiş uzunluktaki kılıcı tam bir haftada yapılmış. Üstüne de istediği destan yazılmış.

Keloğlan'ın kemerinde saklayıp durduğu birkaç altını varmış. Onları bozdurmuş. Hem kılıcı, hem de küheylan bir at almış. Binmiş atın üstüne. Sürüp gitmiş. Nereye? Bunu kendisi de bilmiyormuş. Atı nereye götürürse oraya... Bundan sonra serüven peşinde koşacak... Karlı dağlar aşacak... Devlerle savaşacak... Herkesin kendisiyle alay ettiği o şehre geri dönmek mi? Allah yazdıysa bozsun...

Keloğlan küheylan atıyla kanat kanat az gitmiş uz gitmiş. Dere tepe düz gitmiş. Günlerce süren bir yolculuktan sonra karlı dağların arkasında çayır çimenlik bir düzlüğe erişmiş. Öyle bir düzlük ki sanki gerçek bir cennet. Şurada burada sular fışkırıyor. Boynu uzun telli turnalar dolaşıyor. Yaban ördekleri sürü sürü inip inip kalkıyor. Güzel gözlü ceylanlar birbirleriyle oynaşıyor.

Burası çok hoşuna gitmiş. Atından inmiş. Kılıcını yere saplayıp dibine kıvrılıp yatmış. Hemen dalmış uykuya.

Kahramanımız uyuyadursun, meğer bu güzel çayırlık o ülke padişahının özel avlanma yeriymiş. Keloğlan uyurken padişah adamlarıyla çıkıp gelmiş. Durup bakmışlar. Uzun kılıç altında uyuyan bir yiğit...

Ne yapacaklarını, nasıl davranacaklarını şaşırmışlar. Bir süre bocalayıp düşündükten sonra padişah adamlarına;

– Gidin bakın, demiş, bu küstah da kim? Burasını babasının harman yeri mi sanmış?

Adamlar Keloğlan'ın yanına kadar sokulmuşlar. Uyandırmaya bile cesaret edemeden geri dönmüşler.

– Padişahım, kılıcının üstünde kahramanlık destanı yazılı bir yiğit uyuyor çayırda. Belki bir belaya çatarız diye uyandırmadık. Dönüp sizden buyruk almaya geldik.

Yaşlı, babacan, tonton bir kişi olan padişah, başını kaşımış, bıyıklarını sıvazlamış:

– Hımmmm... demiş. Nereden çıktı bu bela karşımıza? Uyanmasını bekleyelim bari. Uyanınca saraya davet ederiz. Dostluk gösteririz. Dostluğun yenemeyeceği düşman yoktur. Ne demişler? Düşüne düşüne yapmalı bir işi, sonra pişman olmamalı kişi.

Padişahla adamları, kahramanımızın uyanmasını saatlerce beklemişler. O uyanmadan ne oturmuşlar, ne de yemek yemişler. Sonunda Keloğlan, gerine gerine, kaşına kaşına uyanmış. Açmış gözlerini. Açmış ya, bir de ne görsün? Başına toplanmış bir yığın kalabalık. Başları külahlı, bıyıkları sarkık. Silkinip yerinden doğrulmuş. İlk işi, kılıcını kapmak olmuş. Atına atlayıp oradan sıvışmak istemiş.

Babacan padişah;

– Ey kahraman yiğit! demiş. Kılıç çekmene gerek yok. Ben bu ülkenin padişahıyım. Ülkemden geçtiğinizi duydum. Sizi karşılamaya, sarayıma davet etmeye geldim. Ümit ederim ki, bu şerefi benden esirgemezsiniz.

Keloğlan yutkunmuş:

– Şey... Beni sarayınıza davet ediyorsunuz demek? Eh, madem ki ediyorsunuz, ben de gelirim. Bir başkası olsa kabul etmezdim ama sizi çiğneyip geçemem. Pek tonton bir kişiye benziyorsunuz çünkü.

Padişah Keloğlan'ı almış, sarayına götürmüş. Orada kahramanımıza ziyafetler çekilmiş. Memleketin ileri gelenleri, akın akın Keloğlan'ın hatırını sormaya, daha şimdiden ünü dört bucağa yayılan uzun kılıcını görmeye koşmuşlar. Onunla ahbaplık kurmak için birbirleriyle yarışmışlar.

Hele genç kızlar, hele genç kızlar... Keloğlan'ı görmeden daha, onun yavuklusu olmak için yalvarmışlar Allaha. Keloğlan'ın siyah, uzun şalvarı, deli divaneye çevirmiş kadınları. Şalvar giymeyi moda yapmışlar, şalvar satan dükkânların mallarını havada kapmışlar.

Sarayda aylarca kalmış Keloğlan. Sonunda padişah çağırmış onu katına.

– Kahraman, demiş, bugün yelken kulaklı devle savaşa gidilecek. Seni askerlerimin başında görmek istiyorum. Bu senin için bir eğlence olacak. Günlerdir sarayda boş dura dura için sıkılmıştır.

Bu sözleri duyunca Keloğlan'da bet beniz atmış. Ama korkusunu gene de pek belli etmemiş:

– Padişahım, demiş, şu yelken kulaklı dev nasıl bir yaratık? Benim gitmem mutlaka gerekli mi? Birkaç kişi gönderseniz üstesinden gelmezler mi?

– Sen ne diyorsun kahramanım? Onu bir kaç kişi tepeleyebilseydi çoktan pis gövdesini ortadan kaldırırdık. Çok belalı bir dev... Bildiğiniz gibi değil.. Hemen her gün köylerimize, kentlerimize saldırıyor. İnsanlarımızı kaçırıyor, öldürüyor. Hayvanları sürülerle sürüp götürüyor. Artık bıktık usandık. Savaşarak kötülüklerine son vermek istiyoruz.

– Hani padişahım, demem şu ki, ne kadar azılı olursa olsun, onu öldürecek yiğitler bulunur askerlerinizin arasında. Öyle bir adam yok mu? Gitsin uçuruversin kafasını. Ben gönüllü çıkacak o yiğide bir iyilik eder, uzun kılıcımı veririm eline. Kılıcım kendisinde iken hiç korkusu olmasın. Bir vuruşta uçurur yelken kulaklının kafasını alimallah...

Keloğlan ne söylerse söylesin, bin dereden su getirsin, dinlememiş padişah. Onun gerçekten bir kahraman olup olmadığını anlamak istiyormuş da ondan. Padişah diretince atına binmek zorunda kalmış kahramanımız.

İstemeye istemeye geçmiş askerlerin başına, gitmiş dev savaşına.

Az gitmişler, uz gitmişler, dere tepe düz gitmişler. Kayalık mı kayalık, karanlık mı karanlık bir ormana yetmişler. Devin mağarasının çevresini sarmışlar.

Dev, insan kokusu alınca fırlamış dışarı. Gerçekten korkunç bir yaratıkmış. Kocaman gövdesinin üstünde kocaman bir başı, başının iki yanında yelken gibi kulakları varmış. Askerler devi görünce korkudan çil yavrusu gibi dağılmışlar. Askerler kirişi kırar da Keloğlanımız durur mu? Atını geri çevirmiş, basmış kamçıyı. Uzaklaşmak istemiş hızla. Ama ilerleyememiş fazla. Ormanın sık ağaçları arasından geçip giderken bir ağacın dalına takılmış. At geçip gitmiş ama kendisi dalda asılı kalmış. Ağaç da yüksek bir ağaçmış. Keloğlan tırmana tırmana ağacın tepesine tünemiş. O sırada dev de gelmiş. Homurtularla aranmaya başlamış. Başını kaldırınca Keloğlan'ı tünediği yerde görmüş. Kocaman ağacı sallamaya başlamış. Keloğlan tutunamamış orada. Armut gibi aşağı düşmüş. Düşmüş ama yere değil, de-

vin ensesine düşmüş. Can korkusuyla devin yelken kulaklarına öyle bir yapışmış ki, dev can acısından ne yapacağını şaşırmış. Ayakları birbirine dolaşmış. Bir oraya koşmuş, bir buraya. Askerler komutanlarını devin sırtında görünce geri dönmüşler. Oklar kargılar atarak devi öldürmüşler.

Haber, uçan kuşların kanadında ülkenin dört bucağına yayılmış. Devden zarar görenler sevinçlerinden düşüp düşüp bayılmış. Keloğlan'ın kahramanlığı destan yapılıp her tarafta anlatılmış.

Tonton padişaha gelince, kahramanımızı savaş dönüşü yarı yolda karşılamış. Sarılıp alnından, gözlerinden öpmüş:

– Tebrik ederim yiğidim! demiş. Doğrusu sizden bu kadar cesaret beklemiyordum. Ülkemin en tanınmış kişisi siz oldunuz. Tarihe geçti adınız.

Böyle demekle yetinmemiş padişah. Büyük bir konak bağışlamış Keloğlan'a. Uşaklar hizmetçiler vermiş. Büyük bir kahraman günlerini nasıl geçirirse, Keloğlan da öyle yaşamaya başlamış. Düğünlere, törenlere çağrılmış. İleri gelen bir adam oğlunu, kızını evlendirirken baş davetli Keloğlan'mış. Böyle kalabalık yerde çevresini sarıverirmiş kadınlar kızlar. Ama hayat hep böyle şenlikli günlerle devam etmez. Bir bakarsınız gökyüzü ansızın kararır. Aydınlığın ucu varıp karanlığa dayanır.

O ülkeye komşu bir Kara Padişah varmış. Dünya kendisine darmış. Geçimsiz mi geçimsiz, huysuz mu huysuzmuş. Bir hükümdarın huysuzluğu ne demek? Kan demek, zulüm demek, ölüm demek.. İşte bu Kara Padişah, "Ülkenizin köpekleri, ülkemizin köpeklerine karşı havlıyor!" diyerek savaş açmış.

Savaş haberini alan tonton padişah, hemen çağırmış Keloğlan'ı yanına. Bir devlet büyüğü nasıl karşılanırsa öyle karşılayarak gölge düşürmemiş kahramanımızın şanına.

– Yiğidim, diyerek söze girişmiş. Ülkemiz büyük bir tehlike ile karşı karşıya bulunuyor. Kara Padişah bize savaş açtı. Onunla başa çıkmak çok zor. Tek güvencimiz sensin. Derhal geç ordumun başına. Darmadağın et düşman ordusunu. Hem ülkemizi kurtarır, hem de atmış olursun kollarının pasını.

Korkudan beti benzi kül kesilen Keloğlan, şöyle demiş, böyle demiş, birçok özür ileri sürmüş ya dinlememiş padişa

En son olarak;

– Ama padişahım, demiş, atımın ayağı incindi. Bir haftadan önce de iyileşmez.

– Bu da özür mü? demiş padişah bıyıklarını burarak, altın kamçısıyla çizmelerine pat pat vurarak... Tavlalarımdaki bütün atlar senin. Beğen, beğendiğine bin!

Koluna girip doğruca tavlaya götürmüş kahramanımızı. Bir sürü at... Kimi Arap, kimi İngiliz, kimi Uzunyayla... Bazısı ayaklarını pat pat yere vuruyor, bazısı gümüş gemini gevip duruyor. Keloğlan atlar arasında dolaşmış. Kiminin kuyruğunu kaldırıp bakmış. Kimisinin sağrısını ellemiş. Hiçbirini beğenmemiş. Atların arasında kabarık tüylü, vahşi bakışlı bir katıra gözü ilişmiş. Binek hayvanı diye onu seçmiş.

– İyi, demiş padişah. Bin de isterse eşek olsun... Yeter ki ordumun başında bulun.

Keloğlan, koşamaz, geride kalır, ben de fırsatını bulur kaçar giderim diye katırı seçmiş meğer. Bu düşünceyle binmiş katıra, inatçı katır hiç bakar mı hatıra? Deh demiş gitmemiş, çüş demiş kıpırdamamış. Ama ansızın parlayıvermemiş mi bir kuş gibi! Keloğlan sağa yamulmuş, sola kaykılmış. Katırın kaşağı yüzü görmemiş yelelerine yapışmış da düşüp parçalanmaktan kurtulmuş.

Komutanları yelyepelek uçup gidince askerler durur mu? Onar da sürmüşler atlarını ileri. Yıldırım gibi aşmışlar dereleri, tepeleri.

Çıkmışlar yüksek bir sırtın üstüne. Aşağısı dik bayır. Bayırın yüzü ormanlık ya, eteği gömgök çayır. Kara Padişah'ın askerleri çayıra kurmuşlar çadırlarını, bir sık bir seyrek atarak adımlarını, talim ediyorlar.

Keloğlan bulunduğu yerden emretmiş:

– Askerler ileri! Takın süngüleri! Kara Padişah'ın askerlerine bir şahin gibi saldırın! Süngünüzü baldırlarına daldırın!

Askerler ileri atılmışlar. Onlar bayırdan aşağı yuvarlanıp inerken Keloğlan kaçma planını uygulamak istemiş. Ama inatçı katırı yerinden kıpırdatabilirsen kıpırdat.. Ne ileri gitmiş, ne geri. Put gibi çakılıp kalmış orada. Kamçılamış, mahmuzlamış, ama nafile...

"Bu katırda iş yok. Bari ineyim de yaya kaçayım," diye üzerinden ineceği sırada bir şeyler olmuş katıra. Şahlanıvermiş birden. Bayırdan aşağı yıldırım gibi inmiş. Kahramanımız düşmemek için ağaçlara sarıldıkça tutunduğu ağaçlar sökülerek elinde kalmış.

Keloğlan belki ormanın yarısını söke söke, ecel terleri döke döke, çığ gibi inmiş düşmanın üstüne. Bir korku düşmüş ki olup biteni gören düşman askerlerinin gönlüne, sormayın. Önce bir kişi kaçmış, onu birkaç kişi daha izlemiş. Derken tabanı yağlayan yağlayana, arkalarına süngüler batırıldıkça ağlayan ağlayana...

Ne zorluk çekilir, ne dökülür ter. Bir iki saat içinde savaş sona erer.

Bu savaş Keloğlan'ın kahramanlığına kesin bir delil olmuş. Savaş dönüşü kendisini karşılamaya gelenlerle meydanlar dolmuş. Tonton padişah da sürdürmemiş nazını, kahramanımıza vermiş güzel kızını. Çok geçmemiş aradan, damadını vezir yapmış.

Doğrusu Keloğlan vezir olunca çok güzel yönetmiş ülkesini. Kimsenin bozmamış neşe-

sini. Ne bir kulun tavuğuna kış demiş, ne de bir başkasının kuru odununa yaş demiş. Kimseye haksızlık ettirmemiş, acı biber tattırmamış.

Onlar ermiş muradına; gökten üç elma düşmüş, kimseyle alay etmeyen altın huylu çocukların başına.

ÜÇ HÜNERLİ ARKADAŞ

Vaktiyle ya şu dağın, ya da öbür dağın gerisinde bir köy varmış, evleri küçücük, sokakları darmış. Bu köyde bir Keloğlan yaşarmış.

Uzun boyluymuş, yakışıklıymış Keloğlan. Ama yoksulmuş. Giysileri yamalıymış. İşsiz güçsüzmüş. Küçük bir köyde ne iş olacak?

Köyde ona kimse önem vermezmiş. Önem vermek şöyle dursun alay ederlermiş hep.

Keloğlan ise kimseyi incitmez, kötü bir söz söylemezmiş.

İşsizlik ve yoksulluk tak demiş canına. Sonunda köyden ayrılmaya karar vermiş. Düşmüş yola. Az gitmiş uz gitmiş. Dere tepe düz gitmiş. Bir ovaya ulaşmış. Çayır çimenlik bir yer. Boynu uzun telli turnalar geziniyor. Yeşil başlı ördekler inip inip kalkıyor.

Keloğlan bir ağacın gölgesine uzanmış. Uykuya dalacağı sırada bir ses duymuş. Başını kaldırıp bakmış. Bir adam duruyormuş yanı başında. Sana bana benzer bir adam. Ne var ki, adamın gözlerinde bir tuhaflık varmış. Gözleri durup durup büyüyor, bir fincan gibi ileri doğru çıkıyormuş.

Keloğlan ayağa kalkmış, adamın elini sıkmış.

– Benim adım Keloğlan, demiş.

– Bana da Gecegören derler.

Keloğlan Gecegören'le biraz konuşunca ondan hoşlanmış. Arkadaş olmaya, birlikte gezip tozmaya karar vermişler.

Düşmüşler yola. Az mı gitmişler, çok mu gitmişler; bilinmez. Yolda aşka birisine rastlamışlar. Bu adam da sana bana benzer bir adammış ama çok tuhaf bir yürüyüşü varmış. Adım attıkça ince bacakları uzuyor, adımını bir bu tepeye, bir öbür tepeye atıyormuş.

Onun adı da Seyrekbasan'mış. O da katılmış onlara. Üçü birlikte yolculuklarını sürdürmüşler.

Üç arkadaş yolculuklarını sürdürürken baş-

ka birisine rastlamışlar. O da sana bana benzer bir insanmış ya, farklı bir yönü varmış bizden. Ayakları çok tuhafmış. Ördek ayağı gibi perdeliymiş. Adı da Ördekayak'mış.

Onu da almışlar aralarına. Devam etmişler yollarına. Önlerine coşkun bir ırmak çıktığında Ördekayak yüzerek karşıya geçirmiş arkadaşlarını. Bir uçuruma yol düşürdüklerinde Seyrekbasan hooop! atlatıvermiş dostlarını karşıya. Gecenin kör karanlığında Gecegören kılavuz olmuş. Böylece şaşırmamışlar yollarını.

Az gide uz gide günün birinde büyük bir kente varmışlar.

Kent halkı büyük bir telaş içindeymiş. Bir karışıklık yaşandığı belli oluyormuş. Akşam olmuş. Bizim dört ahbap çavuş, paraları olmadığı için han yerine bir duvar dibine kıvrılıp yatmışlar. Sabah olunca belki bir iş buluruz diye kenti dolaşmaya çıkmışlar. Çıkmışlar ya, kent halkının iş miş umurunda değilmiş. Öbek öbek toplanıp aralarında konuşup duruyorlarmış. Meğer bir hafta önce padişahları ölmüş. Geride iki oğul bırakmış.

Büyük oğul işe yaramaz takımındanmış.

Şimdiye kadar halka yapmadığı kötülük kalmamış.

Padişahın küçük oğlu ise halkın sevdiği, güvendiği bir gençmiş.

Halk küçük prensi başlarında görmek istiyormuş. Ama büyük prens zorbalıkla taht'a çıkıp oturmuş. Kardeşini de kimsenin bilmediği bir yere sürgüne göndermiş.

Halkın neden telaş ve korku içinde olduğunu öğrenen Keloğlan, kentin ileri gelenlerine yardım önermiş:

– İzin verirseniniz, bu sorunu arkadaşlarımla birlikte ben çözebilirim, demiş.

Kentin ileri gelenleri Keloğlan'ın kılık kıyafetine bakmışlar. "Sen de nereden çıktın?" dercesine dudak kıvırmışlar. Ama Keloğlan;

– Sizden para pul istemiyoruz. Bir makamda da gözümüz yok! diye güvence verince, halktan aklı eren bir yaşlı ortaya atılmış:

– Bırakalım, ellerinden ne geliyorsa yapsınlar. Taş atıp da kolumuz yorulacak değil ya!.. deyince;

– Haydi, demişler Keloğlan'a. Ne marifetiniz varsa gösterin!

Keloğlan Gecegören'e;

– Haydi arkadaş, demiş, iş sana düştü. Sürgüne gönderilen küçük prensin yerini bul!

Gecegören'in gözleri dürbün gibi dışarı çıkmış. Her tarafı tarayarak araştırmaya başlamış. Sonunda;

– Prens, demiş, bir adanın ortasında görülüyor.

En yakın ada üç günlük yol uzaklıktaymış.

Ördekayak;

– Ben, demiş, gider birkaç saat sonra prensi buraya getirebilirim.

"Haydi git" denilmesini beklemeden kendini denize atmış. Öyle bir yüzüyormuş ki, ne balık yetişebilirmiş ona, ne de yelkovan kuşları.

Gerçekten birkaç saat sonra Ördekayak sırtladığı prensi yüzerek kıyıya çıkarmış. Halktan bir alkıştır kopmuş. Keloğlan;

– Durun bakalım, demiş. Daha işin başlangıcındayız. Şimdi prensimizi taht'a nasıl çıkaracağız? Taht'a çıkmış zorbayı nasıl indireceğiz? Onu konuşalım.

Kimisi;

– Dövüşelim, demiş.

Kimisi;

– Savaşalım, demiş.

Keloğlan;

– Bir ülkede yaşayan insanlar kardeştir. Kardeş kardeşin kanını dökmez. Canını almaz, demiş.

– Öyleyse ne yapalım? diye sormuşlar.

Seyrekbasan atılmış bu sefer ortaya:

– İzin verin ben büyük prensi buradan dönemeyeceği yere götüreyim.

Herkes şaşkın şaşkın birbirinin yüzüne bakmış. O sırada büyük prens dışarıda ne olup bitiyor diye sarayın balkonundan dışarısını seyrediyormuş.

Seyrekbasan'ın bacakları uzadıkça uzamış. Başı neredeyse bulutlara ulaşacak düzeye erişmiş. O yükseklikten uzanarak balkondaki büyük prensi kapmış. Bir bu dağa, bir o dağa basarak gözden kaybolmuş.

Kısa zamanda çok uzaklara gitmiş. Kartalların aşamadığı Kafdağı'nı aşmış. Prensi Kafdağı'nın öbür yüzüne bırakarak geri dönmüş.

– Korkunuz olmasın artık, demiş. Bir daha buralara gelemez.

Küçük prensi cümbür cemaat alarak taht'a çıkarmak üzere saraya götürmüşler. Sarayın kapısını bir zenci bekliyormuş. Dağ gibi bir adam. Elinde de parlayan keskin bir kılıç varmış. Halk;

– Eyvah, demiş, bu zenci orada durdukça saraya giremeyiz. Hepimizi kılıçtan geçirir. O, kimsenin yenemediği bir pehlivandır.

Keloğlan;

– O işi de bana bırakın, demiş.

Kapıyı tutan zenci pehlivana sokulmuş.

– Arkadaş, demiş. Sen görevini yapıyorsun. Kapıyı bekle demişler sana. Kapıyı bekliyorsun. Bu işi yaparken de bileğine güveniyorsun. Kimsenin seni alt edemeyeceğini sanıyorsun. Var mısın bu meydanda benimle güreş tutmaya? Haydi, hodri meydan!..

Zenci şişinerek;

– Şu cüce halinle bana meydan mı okuyorsun? diye sormuş.

– İyi bildin, sana meydan okuyorum!

– Git işine kel kafalı adam! Eceline mi su-

sadın? Seni tutar, çatır çatır kemiklerini kırarım...

Halk da kışkırtmaya başlamış zenci pehlivanı:

– Korkak! Cesaretin varsa, konuşacağına, meydana çıksana!

– Çıkıyorum be! Benim sırtımı şimdiye kadar kimse yere getiremedi. Şu Keloğlan mı gözümü korkutacak?

Zenci meydana çıkınca zorlu bir güreş başlamış. Keloğlan, iki metre boyunda, iki yüz kilo ağırlığındaki zencinin yanında bir çocuk gibi kalıyormuş. Ama spor, gücün yanında zekâya dayanır. Kim aklını kullanmayı becerirse o üstün gelir. Keloğlan, zenciye kapılmamak için kaçak bir güreş tutmuş. Sonunda attığı bir tırpanla rakibinin sırtını yere getirmiş.

Ömründe ilk kez yenilen zenci hüngür hüngür ağlayarak denize doğru koşmaya başlamış. Halk;

– Tutun şu adamı. Kendisini denize atacak. Yenilmeyi onuruna yediremedi! deyince üzerine çullanıp durdurmuşlar. Küçük prens de onu teselli etmiş:

– Sen görevini yaptın. Dünyada yenilmeyen pehlivan yoktur. Seni gene kapıcılığa tayin ediyorum, demiş.

Küçük prens taht'a çıkınca ortalık yatışmış. Gülmeyen yüzler gülmüş. Atılamayan kahkahalar atılmaya başlanmış.

Bizim dört ahbap çavuş, acaba ekmek parasını kazanacak bir iş bulabilir miyiz diye bir iki gün sağda solda dolaşmışlar ama nafile. Kapılanacak açık bir kapı bulamamışlar. Çıkınlarını astıkları sopaları omuzlarına vurarak şehir dışına çıkarlarken üç zaptiye koşarak yetişmiş onlara:

– Yahu neredesiniz? demişler. Sizi aramadığımız delik kalmadı. Hükümdarımız görüşmek istiyor sizinle.

Varmışlar yeni hükümdarın yanına. Genç hükümdar onları bir arkadaş gibi güler yüzle karşılamış ve onların her birini bir göreve atamış. Onlar da görevlerinde hakkıyla çalışmışlar doğrusu. Kimse hırsızlık yapamamış. Gecegören'in gözlerinden hiçbir hırsız kurtulamamış. Kimse kapkaççılık edememiş. Seyrekbasan şıp diye yakalamış onları. Deniz korsanları da taslarını taraklarını toplayıp başka denizlerin kıyılarına gitmişler. Çünkü Ördekayak'ın bekçiliği yüzünden iş çıkaramaz olmuşlar.

Onlar yaşayıp ermişler murada; gökten üç elma düşmüş, bir sanat, bir marifet belleyerek onu altın bilezik gibi kollarına takan gençlerin başına.

KİM ÇALDI, KİM OYNADI?

Evvel zamanın birisinde bir Keloğlan varmış. Anadan babadan öksüzmüş. Köyde karın tokluğuna onun bunun işine yeler dururmuş.

Kimi kendisinden tarlaya azık götürmesini, kimi de ormandan kazık getirmesini istermiş. Keloğlan kimseyi incitmez, buyrulan her bir işi seve seve yaparmış.

Böyle böyle, sürüp gelmiş on sekiz yaşına. Ömür boyu onun bunun işine koşturmakla eline bir şey geçmeyeceğini anlamış.

– Artık gurbet illere gitmenin zamanı geldi. Oralarda bir iş tutayım. Bir baltaya sap olayım. Bu köyde benim adam olacağım yok. Şansımı biraz da uzaklarda arayayım, diyerek düşmüş yollara.

Az gitmiş, uz gitmiş. Dere tepe düz gitmiş.

Bir altı ay, bir güz gitmiş. Altı ayın sözü mü olur. Bir yıldan fazla gitmiş.

Nice dere geçmiş, dağ aşmış. Sonunda sokakları hareketli, toprakları bereketli bir kente ulaşmış.

Yapmadığı iş, taşımadığı taş kalmamış. Yememiş içmemiş, biraz para biriktirmeyi başarabilmiş.

– Artık köye dönmemin zamanı geldi. Paramın yarısı ile tarla ve öküz alırım. Öbür yarısıyla da helal süt emmiş bir kız bulur evlenirim, demiş.

Dönmeye karar vermiş baba toprağına. Karar vermiş ya, bakmış, bütün vücudu kir pas içinde.

– Hamama gideyim de paklanayım bari, demiş.

Araya araya bulmuş bir hamam. Parıl parıl parlayan kubbesi tamam.

– İyi bir hamama benziyor, demiş. Saatlerce kalayım burda. Güzel bir keseleneyim.

Girmiş hamamın kapısından içeri. Hamamcı, tilki suratlı bir adammış. Hayıra mı, şerre mi soluğu belli değilmiş. Keloğlan'ı yırtık pırtık elbiseler içinde görünce ilkin kovacak gibi olmuş ya, sonra para vermek üzere çıkardığı kesenin dolu olduğunu görünce ağız değiştirmiş.

– Geç yiğidim, demiş. Biraz kirlisin ama zararı yok. Yıkanınca tertemiz olursun.

Keloğlan soyunmuş dökünmüş. Peştamal bağlandıktan sonra elinde kesesi içeri girmek istemiş. Tilki suratlı hamamcı hemen atılmış:

– Yiğidim, demiş. Para ile içeri girilmez. Hırsızı var, uğursuzu var. Sonra aşırıverirler de senin haberin bile olmaz. Bana bırak keseni. Giderken tastamam alırsın.

Keloğlan hamamcıya bırakmış parasını, yıkanarak bir güzelce arıtmış kirini pasını. İşini bitirince kesesini istemiş. Tilki suratlı hamamcının suratı, kurt suratına dönmüş:

– Bre yalıncak ayak, demiş, ne zaman verdin de şimdi istiyorsun? Aklın sıra soyguna mı kalkışacaksın? Güzel bir dayak yemeden defol git! Sonra ölün çıkar buradan!

Yıllarca canını dişine takarak kazandığı paracıklar gözlerinin önünde kanat takıp uçmaya başlayınca Keloğlan önce şaşırmış, sonra toparlanmış.

– Bana bak tilki suratlı, demiş. Öyle sopadan mopadan söz etme. Kimin kimi pataklayacağı belli olmaz.

Keloğlan sert çıkınca hamamcının suratı, kurt suratından yaltaklanan köpek suratına dönmüş. Yemini billahlar etmiş:

– Vallahi ben almadım!
Billahi ben görmedim!

O sırada hamama bir davulcu gelmiş. Keloğlan davulcuya;

– Davulcu kardeş, demiş. Para dolu kesemi kendisine emanet etim. Şimdi almadım diye inkâr ediyor.

Söyle bana davulcu,
Paralarım nicoldu, nicoldu?
Şeytanlar mı götürdü
Hırsızlar mı yürüttü?

Davulcu davulunu güm güm çalmaya başlamış:

Zımbır zımbır da zımbırzom!
Zımbır zımbır da zımbırzom!
Bu hamamın suyu sellidir selli,
Parayı çalan bellidir belli!..

Davulcu bunları söylerken yan gözle de hamamcıya bakıyormuş. Hamamcı kırık plak gibi ona da aynı yeminleri etmiş:

– Vallahi ben almadım!
Billahi ben görmedim!

Birbirlerinden karşılıklı davacı olmak üzere mahkemeye gitmişler. Davulcu da takılmış arkalarına. Yolda bir zurnacıya rastlamışlar. Keloğlan olup biteni ona da anlatmış:

Söyle bana zurnacı,
Paralarım nicoldu, nicoldu?
Şeytanlar mı götürdü?
Hırsızlar mı yürüttü?

Zurnacı da zurnasını öttürmeye başlamış:

Lallara lallara lelli!
Lallara lallara lelli!
Bu hamamın önü tellidir telli,
Parayı çalan bellidir belli!..

Az gidince elinde bağlaması bir âşığa rastlamışlar. Keloğlan olup biteni ona da anlatmış:

Söyle bana âşık baba,
Eli eğri kim acaba?
Param nicoldu nicoldu?
Şeytanlar mı götürdü?
Hırsızlar mı yürüttü?

Âşık baba da bağlamasını tıngırdatmış:

Tıngıdı tıngıdı tıngıdı!
Tıngıdı tıngıdı tıngıdı!
Bu hamamın önü yellidir yelli,
Parayı çalan bellidir belli!

Böyle sazlı sözlü giderlerken arkalarına bir yığın insan takılmış. Cümbür cemaat mahkemeye varmışlar. Kadı'nın huzuruna girmişler. Kadı önce afallamış. Sonra kendisini toplamış:

– Bu şamatanın sebebi nedir?

Keloğlan kel başına gelenleri anlatmış. Davulcu, zurnacı ve bağlamacı sazlarını çalarak tanıklık etmeye kalkışmışlar ama kadı onları susturmuş. Kara kaplı bir kitap çıkarmış. Sağ işaret parmağını tükrükle ıslatarak birçok sayfa karıştırmış. Sonra kararını bildirmiş:

Hamamcı, hamamcı!
Yalancı oğlu yalancı!
Hırsız sensin, bu belli,
Sana tastamam elli
Dayak cezası verdim!
Eğer genç olsa idim,
Kalkıp kendim döverdim!

Kadı bu kararı verince davulcu, zurnacı, bağlamacı oynak havalar döktürmüşler. Orada toplanan halk yerinde duramamış, şıkır şıkır oynamaya başlamış. Kadı bir süre onlara bakınmış. Öfkelenip darılsın mı, bilememiş. Sonunda

ne yapsa beğenirsiniz? Kendisi de kalkıp şıkır şıkır oynamış. Oynadıkça uzun hırkasının etekleri şemsiye gibi savrulmuş. Biraz oynayıp sektikten, kurtlarını döktükten sonra durmuş.

– Allah belanızı versin! demiş. Bu yaşta beni de oynattınız. Elâleme rezil ettiniz!

Oradan hepsini kovmuş. Parasını alıp dağarcığına yerleştiren Keloğlan köyünün yolunu tutmuş. Evlenmiş, toprak sahibi bir çiftçi olmuş.

Onlar yaşayıp ermişler murada; gökten üç elma düşmüş, kimsenin malına yan bakmayan altın kalpli çocukların başına.

B İ T T İ

MUSTAFA ÖZÇELİK DİZİSİ

1. Denizdeki Hazine / Evliya Çelebi Seyahatnâmesi'nden Hik.
2. Seyfi Baba / Mehmet Akif'ten Hikâyeler
3. Bir Testi Su / Mevlana'dan Hikâyeler
4. Şehitler Tepesi / Ödüllü Roman
5. Zengin Dilenci / Sâdi Şirazi'den Hikâyeler
6. Son Günün Sevinci / Hikâyeler
7. Gül'ün Sırrı / Hikaye

HÜSEYİN EMİN ÖZTÜRK DİZİSİ

1. Yaralı Keklik / Ödüllü Roman
2. Gül Ağacı / Ödüllü Hikâyeler
3. Kınalı Kuzu / Ödüllü Hikâyeler
4. Çiğdem Çiçekleri / Tiyatro
5. İpek Kuyruklu Uçurtma / Roman

HASAN LÂTİF SARIYÜCE DİZİSİ

1. Anadolu Efsaneleri 1
2. Anadolu Efsaneleri 2
3. Dedemin Denizaltısı / Roman
4. Ağlama Anacığım Ağlama / Dede Korkut Hikâyeleri
5. Ezop Masalları
6. Nasrettin Hoca Öyküleri
7. Ders Veren Türk Masalları
8. Eveleme Develeme / Tekerlemeler
9. Bil Bakalım Bu Nedir / Bilmece
10. Karbeyaz / Roman

YUSUF DURSUN DİZİSİ

1. Masal Okulu / Masal
2. En Gür Seda İSTİKLAL MARŞI / Hikâye
3. Masal Doktoru / Masal
4. Bir Goncadır Peygamberim / Peygamberimiz'in (as) Hayatı
5. Peygamber Çiçekleri / Peygamberimiz (as) ve Çocuklar
6. Kuş Yuvası Yüreğim / Çocuk Şiirleri
7. Masal Doktoru

MEHMET ZEREN DİZİSİ

1. Mesnevide Geçen Bütün Hikayeler
2. Kur'an'daki Kıssalar ve Hikmetleri
3. En Veciz Sözler En Güzel Kıssalar
4. Mesnevi'den Hikâyeler / 6 Kitap

AHMET EFE DİZİSİ

1. Benim de Uçaklarım Var / Çocuk Şiirleri
2. Onlar Yıldızlar Gibi
3. Tarihin Dirilten Nefesi

ÜNVER ORAL DİZİSİ

1. Yüz Çocuklu Anne / Roman
2. Karagöz ile Hacivat Dizisi / 16 sayfa - 12 Kitap

MAVİYE UZUN DİZİSİ

1. Kızlar Koleji
2. Gökyüzü Çocuğu